AF356642

# LE
# FAUBOURIEN

OU LE

## PHILIBERT DE LA RUE MOUFFETARD,

COMÉDIE GRIVOISE

EN UN ACTE, MÊLÉE DE COUPLETS,

PAR MM. YMBERT ET VARNER,

REPRÉSENTÉE POUR LA PREMIÈRE FOIS, A PARIS, SUR LE
THÉATRE DES VARIÉTÉS, LE 19 MARS 1823.

PRIX : 1 Fr. 50 Cent.

## PARIS,

AU GRAND MAGASIN DE PIÈCES DE THÉATRES
ANCIENNES ET MODERNES,
CHEZ M<sup>me</sup>. HUET, LIBRAIRE-EDITEUR,
RUE DE ROHAN, N°. 21, AU COIN DE CELLE DE RIVOLI;
ET BARBA, LIBRAIRE, AU PALAIS-ROYAL.

1823.

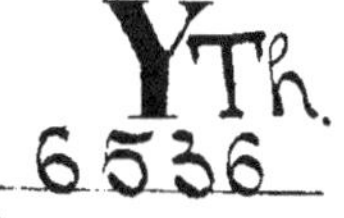

**PERSONNAGES.**     ACTEURS.

GASPARD, ouvrier ébéniste ...... M. VERNET.

MOLLETON , marchand tailleur... M. BRUNET.

CUIRAÇO , limonadier.......... M. FLEURY.

MACAUX, paysan, ( garçon chez
Cuiraço).................... M. ODRY.

UN GARÇON TRAITEUR..... M. GEORGES.

La Veuve CAUCHOIS, marchande
de volaille... ...... .......... Mme. PICOT.

JACQUELINE , orangère........ Mlle. MARIA.

NOUROLLES , marchande de gâ-
teaux....................... Mlle. MÉLANIE.

Une troupe de jeunes gens , précédée d'un tambour.

———

*La scène se passe à Paris , dans le faubourg Saint-Marceau.*

Tr   Txemplaires non revêtus de la signature de l'éditeur
réputés contrefaits.

IMPRIMERIE DE HOCQUET.

# LE FAUBOURIEN

## COMÉDIE GRIVOISE.

*Le théâtre représente un carrefour. A droite est un café d'assez mince apparence, sur lequel on lit :* Billard public, ici on joue à la poule. *A gauche est la maison d'un traiteur ayant balcon sur la rue, et présentant cette indication ,* salon de cent couverts.

## SCÈNE PREMIÈRE.

### CUIRAÇO , MACAUX.

CUIRAÇO, *poussant Macaux par les épaules.*

Je te répète que je te chasse.

MACAUX.

Pourquoi donc que vous me renvoyez ?

CUIRAÇO.

Parce que t'es un imbécille.

MACAUX.

C'est pas une raison pour perdre sa place.

AIR : *Je n'aime pas à travailler.*

I' m' semble que dans mes travaux
On peut se passer de génie,
Et qu' pour êtr' garçon de fourneaux
N' faut pas êtr' de l'académie.
N' suffit-il pas qu'i' soit prouvé
Qu'on est fidèle et d' mœurs honnêtes ?
Que d' gens seraient sur le pavé,
Si l'on déplaçait tout's les bêtes !

CUIRAÇO.

Je n'aime pas que les garçons fassent l'amour. Un gaillar dque je fais venir de la Lorraine... il n'y a pas huit jours que c'est débarqué, et ça se lance déjà avec les marchandes du Pont - Neuf.

#### MACAUX.

Queu mal qu'i y a ?.. j'sommes Lorrain... j'rencontre une Lorraine, j'nous charchons comme pays.. D'ailleurs, si j'suis amoureux et jaloux comme une bête, ça vous fait pas de tort... c'est dans mes momens perdus.

#### CUIRAÇO.

Tout ça est bel et bon, mais déloge tout de suite.

#### MACAUX.

Déloge... déloge... Si j'ons tout dépensé pour venir chez vous, comment voulez-vous que je m'en retourne ?

#### CUIRAÇO.

Comme tu voudras.

#### MACAUX.

Payez-moi une quinzaine.

#### CUIRAÇO.

Ah ben ! oui ! je t'ai pris à l'essai.

#### MACAUX.

C'est ça... vous faites venir les jeunes gens de leu' village, et puis vous les mettez à la porte... Ah ! damе... si vous croyez que les Lorrains... c'est que les Lorrains ils sont pas endurans... avec ça, moi, je ne me suis pas fait des amis dans vot' café.

#### CUIRAÇO.

Tant pis pour toi !

#### MACAUX.

J'étais sans cesse à molester les pratiques.... à leur crier... de l'argent... d'l'argent.... surtout à monsieur Gaspard, ce brave garçon qui a toujours soif.. Je m'en vas....

#### CUIRAÇO.

Je te croyais parti.

#### MACAUX.

Je m'en vas, monsieur Cuiraço.

#### CUIRAÇO.

Vide-moi le plancher.

MACAUX.

Je vas donc faire mon paquet. (*s'en allant*) j'allons faire notre paquet.          *Il entre dans le café.*

## SCÈNE II.

### CUIRAÇO.

Dieu merci, m'en v'là débarrassé… Je voudrais bien en faire autant de ce mauvais sujet de Gaspard ! une pratique dont je me passerais bien ! Ça laisse là son état d'ébéniste pour m'amener tous les vauriens du quartier; il couche à la belle étoile, passe sa vie à mon billard, déjeûne pour rien, dîne gratis et soupe à pouf… Bon cœur du reste ; quand par hazard il a de l'argent, c'est au service de tous ses camarades… justement le voici.

## SCÈNE III.

### CUIRAÇO GASPARD.

GASPARD, *allumant un cigare à la porte du café et s'adressant à la cantonnade.*

Marquez six bouteilles et trois regalades. Dites donc, François, s'il vient quelqu'un pour la poule, appelez-moi.

AIR : *Vivent les amours.*

On dit qu'on rencontre souvent
Des gens trimant,
Travaillant,
Et pourtant,
Moi qui n'ai pas d' bien
Et n' fais rien,
Je suis heureux,
Et m'amuse mieux
Qu'eux.

Enfant perdu
Pour la vertu.
J' nargue l' bon ton,
Et le qu'en dira-t-on.
C'est vrai que j' n'ai ni feu
Ni lieu;

Mais j' n'ai pas de loyer
A payer.
Je me suis fait
Mauvais sujet ;
Pour cet état, j' suis brev'té ,
Patenté.
Chaque billard
Me doit ma part ,
Sur chaqu'e sot
Ma main lève un impôt.
Près d' la beauté ,
Toujours fêté,
Mon cœur par bond ,
S' promène en vagabond,
De l'humble loge du portier ,
Au quatrième,
Au cinquième,
Au grenier.
Ça
Durera
Tant qu'ça pourra,
L' présent m'est cher ;
Pour moi qui n' suis pas d' fer.
Un jour, une heure, c'est beaucoup ;
A chaque coup ,
Je risque mon va tout.

CUIRAÇO.

C'est ça ; et votre maître ébéniste , le père Rabot ,
ousque vous n'avez pas mis le pied depuis huit jours.

GASPARD.

Eh bien ! huit jours, ça ne fait qu'une semaine , il
m'en doit deux, le père Rabot, et il ne me paye pas.
Soixante francs, si j'avais ça... je roulerais-t-i' sur
douze pièces.

CUIRAÇO.

Si vous l'aviez vu ce matin , vot' bourgeois ?

GASPARD.

Est-ce qu'il est venu ?

CUIRAÇO.

Comme à l'ordinaire , il est venu vous demander au
billard : il s'en allait : « ce Gaspard, si ça voulait tra-
» vailler , ça gagnerait dix francs par jours ; c'est le
» meilleur ouvrier... n'y en a pas de pareil dans le
» faubourg... ça vous a une adresse , un coup d'œil »...

**GASPARD.**

Il vous disait ça?.. c'est pas l'embarras, je le respecte, le père Rabot; mais il me retient mon dû.

**CUIRAÇO.**

« Je ne lui paierai pas ses 60 fr., qu'il ne revienne à « son ouvrage. Je le tiendrai de si court...

**GASPARD.**

Oui, mais aussi on a du toupet... Et puis, y a temps pour tout; moi, je suis dans la veine de m'amuser.

**CUIRAÇO.**

Ça va joliment.. Vous devez déjà à Dieu et au diable !

**GASPARD.**

Parce que je suis un bon enfant, et que j'ai du crédit.

**CUIRAÇO.**

Vous ne gardez rien !

**GASPARD.**

Aussi, qu'est-ce que je perds?

**CUIRAÇO.**

Vot' santé.

**GASPARD.**

C'est pas faute d'y boire.

**CUIRAÇO.**

Vot' jeunesse !

**GASPARD.**

Est-ce que je peux empêcher le temps de filer ?

**CUIRAÇO.**

Et puis, vous avez un tas de mauvaises connaissances...

**GASPARD.**

Ah çà ! par exemple, vous touchez la corde sensible. A présent, dites-moi si je puis empêcher qu'il y ait du sexe dans la rue Mouffetard... Ça m' fait penser que j'attends des tendrons, et que je ne suis plus en espèces... Vous ne pourriez pas me prêter une pièce de 10 fr. sur ma semaine ?

**CUIRAÇO.**

Laissez donc, laissez donc, on me demande à la boutique.

GASPARD , *le suivant.*

Je vous rendrai ça lundi, père Cuiraço... sans faute.
(*A la porte du café.*) Y a-t-il, quelqu'un à la poule ?

## SCÈNE IV.

### GASPARD, MACAUX.

MACAUX , *son paquet sous le bras, et le bâton à la
main , sortant par la porte du laboratoire.*

( *A part.* ) Il a le cœur joliment dur, le père
Cuiraço !

GARPARD.

Tiens c'est ce pauvre Marcaux ! m'a-t-il versé
des petits verres, ce garçon-là?... Quel costume as-tu
donc ?

MACAUX.

C'est nos habits d' paysan... J'allons cheux noùs ;
le père Cuiraço m'a renvoyé.

GASPARD.

Il t'a donné ton compte?

MACAUX.

C'est ben le contraire... il n' veut pas me payer.

GASPARD.

Et tu t'en vas à cause d' ça? est-ce qu'il manque de
places à Paris?

MACAUX.

J'ons pas vol' fil.

GASPARD.

Et les bureaux de placemens, pourquoi les comptes-
tu?... Tu vas à un bureau de placement... il y en a
partout... Tu commences par lâcher ton petit écu, c'est
de rigueur... après quoi on te trouve une condition...
pas plus malin que ça.

MACAUX.

J' m'en vas vous dire, le petit écu me gêne...

GASPARD.

Tu n'as pas un petit écu?

MACAUX.

Ben sûr... ( *Après avoir fouillé dans toutes ses
poches.*) J'ai pas besoin de fouiller.

GASPARD.

Ces gaillards-là mangent tout ; ça n'a pas la moindre
prévoyance ; si les amis n'étaient pas là , ça resterait
sur le pavé. (*il tire deux pièces.*) Regarde bien cette
paire de lunettes-là.

MACAUX , *riant.*

Oh ! oh ! c'est deux pièces cent sous.

GASPARD.

Coupons ça par la moitié ; prends celle - là ; tu me
rendras ça au retour de l'éclipse.

MACAUX.

Je m'en vas droit au bureau de placement.

GASPARD.

Fais b'en ton compte ; 2 francs de vivres , et 3 francs
de place , total balance et mets le reste de côté.

# SCÈNE V.

### GASPARD, *seul.*

J' sais pas comment qui font ces cocos-là... j'ai
beau être à sec, je me repasse de tout !.. Et des passions !..
j'en ai-t i' sur les bras ?... par exemple , je ne file pas le
parfait... je ne donne pas dans 'es cadeaux.

AIR : *de Turenne.*

Que c'tilà qui recherche les belles,
Et qu'est déjà dans les vieillards,
Afin d'enchaîner les cruelles,
Fasse briller à leurs regards,
Le schal mérinos de trois quarts ;
Qu' mêm' le fichu de Barège ou d'Tarbe,
Au jour de l'an par lui soit acheté :
Mai je n' donn' pas d'étrenn's à la beauté ,
Si c' n'est l'étrenne de ma barbe.

Je ne sais pas comment ça se passera aujourdhui ;
j'ai déjà donné rendez-vous à trois objets : la grosse
marchande de' volaille , à qui j'ai lâché le poulet ; la
belle Nourrolles marchande de gâteaux , et Jacqueline
l'orangère. Sur trois , faudra't avoir joliment de gui-
gnon s'il n'en venait pas une... Qu'est-ce qui sait ?...

je suis capable de me marier, moi... pour le plaisir de faire un repas ; on est sûr d'être invité à sa noce.

# SCENE VI.

## GASPARD, MOLLETON, *portant un paquet enveloppé.*

### MOLLETON, *à part.*

Je cherche un particulier qui m'a demandé du tout fait ; il m'a ben dit le numéro, mais ( *levant le nez en l'air* ) je me perds dans les pairs et les impairs.

### GASPARD.

Dites donc, Monsieur, vous cherchez quelqu'un ? est-ce que l'adresse vous manque ?... Qu'est-ce que c'est que ce paquet-là ?

### MOLLETON.

C'est une redingotte de camelot.

### GASPARD.

J' suis sûr que vous êtes tailleur.

### MOLLETON.

Et j' m'en vante !

### GASPARD, *à part et regardant le paquet.*

Ça m'irait joliment, à moi... en v'là un qui n'a plus que le souffle. ( *haut.* ) Comment que vous l'appelez le particulier que vous cherchez ?

### MOLLETON.

Attendez donc... il m'a envoyé demander ça par son apprentif ( *ouvrant le paquet.* ) j'ai pris son nom au collet... Ra, Ra... M. Rabot, ébéniste...

### GASPARD, *à part.*

En v'là une bonne... c'est mon bourgeois. Par exemple.... v'là une fière occasion de rentrer dans les soixante francs qu'il me doit, sans compter le plaisir de jouer un tour au père Rabot. ( *haut.* ) Dites donc, êtes-vous heureux, vous ?

### MOLLETON.

Pourquoi ça ?

GASPARD.

Regardez-moi donc.

MOLLETON.

Eh ben! quand je vous regarderai.

GASPARD.

Est-ce que cette taille-là ne vous dit rien?

MOLLETON.

Rien du tout.

GASPARD, *otant son habit.*

Devinez-vous à présent?

MOLLETON.

Bah! est-ce que vous seriez?..

GASPARD.

Mais certainement...

MOLLETON.

Ça tombe bien... on perd tant de temps à courir après les pratiques. ( *aidant à passer la redingotte.* ) Ça va toujours à peu près... parce que le tout fait se coupe sur trois tailles.

GASPARD.

Emportez mon vieil habit, je n'en ai plus besoin.

MOLLETON, *l'examinant.*

Vous ne voulez pas qu'on vous rafistole un peu ça?

GASPARD.

Est-ce que vous seriez assez bon enfant?

MOLLETON.

Avec un collet de velours et des paremens, ça sera comme neuf.

GASPARD.

C'est dit, vous passerez chez moi demain, après demain, dans trois jours.. Rabot, à l'enseigne du Secrétaire d'acajou, rue de la Chaise.-. on vous paiera tout à la fois.

MOLLETON.

Je vous demande pardon, il me faut de l'argent tout de suite; c'était hier le tirage du cinquième arrondissement.

GASPARD.

Eh bien! qu'est-ce que ça me fait, le tirage?

**MOLLETON.**

J'entends bien que ça ne vous fait rien ; mais mon fils
est tombé, et on est père.

**GASPARD.**

Vous croyez ça ?

**MOLLETON.**

Air : *de Julie.*

J'avais envain demandé sa réforme ;
Le conseil de révision
Après une visite en forme ,
Pour marcher l'a déclaré bon
O fils trop cher et disponible !
Le ciel eut pu, dans sa bonté,
T'accordant une infirmité,
Combler les vœux d'un pèr' sensible.

Ils étaient deux cent quatre-vingt-cinq ; croiriez-vous
qu'il s'en va attraper l'un ?

**GASPARD.**

Qu'est-ce que ça vous fait ? laissez-le partir... ça le
formera ; il reviendra grand comme père et mère.

**MOLLETON.**

Mes entrailles ne comportent pas ça... c'est soixante
francs que je vous prie de me compter.

GASPARD , *écrivant au crayon sur un papier qu'il a
déchiré de son livret.*

C'est pas là c' qui m'embarrasse.

**MOLLETON.**

Je suis en course à la recherche d'un remplaçant, j'ai
déjà là de l'argent ça va me couter bonne.

**GASPARD.**

Mon brave homme , v'là une lettre de change de
soixante francs sur madame Rabot. Sentez-moi ça, c'est
de l'or en barre.

MOLLETON , *prenant le billet.*

Air : *Allons aux prés St-Gervais.*

J'accepte cette valeur,
Et j'ai d'avance
L'assurance ,
Qu'à ce billet au porteur
On s'empress'ra de faire honneur.

GASPARD.

D' votre effet l' prix est payable
A vue... on n' peut vous r'fuser ;
D'ailleurs, j'en suis responsable,
J' viens d' l'endosser.
Acceptez cette valeur ,
Car j'ai d'avance
L'assurance
Qu'à ce billet au porteur
Ou s'empress'ra de faire honneur.

ENSEMBLE.

MOLLETON.
J'accepte, etc.

# SCENE VII.

## GASPARD, *seul.*

Ça vous refait joliment, tout d' même; il faut ça, pour donner dans l'œil au beau sexe. Dieu ! que de victimes dans une pièce cent sols et une redingotte neuve... je crois que j'aperçois un bonnet.... c'est la marchande d'oranges qu' a mordu à l'hameçon... je ne l'ai pourtant vue qu'un' fois sur le Pont Neuf.

# SCÈNE VIII.

## GASPARD, JACQUELINE.

GASPARD.

Je commençais à craindre que le commerce n'eût la préférence sur mes sentimens.

JACQUELINE.
Ça c'est vrai, que j'étais dans le Portugal jusqu'au cou.

GASPARD.
C'est sûrement pour ça que vous sentez si bon ?

JACQUELINE.
Ça vous incommode, peut-être ?

GASPARD.
Au contraire...c'est une jouissance , dans ce faubourg Saint-Marceau , ous qu'on n'est guère accoutumé à sentir la fleur d'orange.

JACQUELINE.

C'est un effet de vot' part, monsieur Gaspard.

GASPARD.

Nous n'avons qu'un pas d'ici à l'arc-en-ciel, il y a un plat de goujons qui nous attend... si vous aimez la friture ?..

JACQUELINE, *laissant apercevoir quelque chose qu'elle tient à la main.*

Certainement c'est une honnêteté qu'es: à charge de revanche.

GASPARD.

Vous tenez là du papier brouillard qui m'a l'air d'avoir quelque chose dedans.

JACQUELINE.

C'est deux oranges... on a voulu vous garder une poire pour la soif.

GASPARD, *à part.*

Bonne idée, qu'elle a eu là ; coupé en tranches, avec un poisson d'eau-de-vie et un quarteron de cassonade...     *(haut.)*

AIR : *Parmi les filles.*

Pour remercier vos attraits,
Je ne trouve point de langage.
JACQUELINE.
J'en aurais apporté plus, mais
Il m'en restait pas davantage.
GASPARD.
D'en reprendre une de ma main,
Souffrez qu'à présent je vous somme,
Et permettez, objet divin,
Que dans ce citron anodin
A ma Vénus j'offre la pomme.

Serait-il indiscret de vous demander un baiser pur et simple... *(à part, apercevant Nourolles qui arrive.)* V'là-t-il pas la marchande de gâteaux ! c'est-il exact, ces femmes ! elles sont capables de se décoiffer.

# SCENE IX.

## Les Précédens, NOUROLLES.

GASPARD, *bas à Jacqueline.*

Faites semblant de rien, c'est ma sœur; elle est jacasse...

attention ! (*Il va au devant de Nourolles.*) C'est ma cousine... elle est un peu bégueule... dissimulons un brin !..

NOUROLLES , *faisant la révérence.*

Votr' servante, mamzelle !

JACQUELINE.

Et moi d' même , mamzelle.

NOUROLLES.

Je me félicite de l'hazard qui me procure celui de vous voir.

JACQUELINE.

C'est pour moi que c'en est z'un !

GASPARD.

Allons, pas de façons, embrassez-vous ; les amis d' nos amis sont nos amis.

JACQUELINE.

Très-volontiers.          *Elles s'embrassent.*

GASPARD.

V'là ce que c'est!.. (*à part*) je ne sais pas comment je vas me tirer d' là ! (*avec éclat*) ouf!.. la marchande de volaille... sont-elles de parole... et puis y en a qui viennent vous dire qu'ils n'ont pas de connaissances.

# SCENE X.

## Les Précédens , LA VEUVE CAUCHOIS.

LA V.ᵉ CAUCHOIS , *après avoir observé les deux femmes.*

Dites donc, mon fiston, avec qui donc que vous êtes là ?

GASPARD.

Taisez-vous donc ! vous allez effaroucher ces jeunesses... ça n'a pas votre acquis.

V.ᵉ CAUCHOIS.

Pourquoi donc que tu me donnes rendez-vous, si t'en contes à d'autres ? n' dirait-on pas qu'on manque d'épouseux... encore un fier colibri, pour une marchande de volaille de mon espèce.

GASPARD , *à part.*

Encore une colle... (*haut.*) Est-ce que je peux empêcher des parentes de venir voir un frère et un cousin?

Vᶜ CAUCHOIS.

Ah ! c'est z'une différence... Pourquoi que tu ne me disais pas ça, (*saluant Nourolles et Jacqueline.*) j'aurais fait une révérence à ces dames.

GASPARD *à Jacqueline et à Nourolles.*

Pas de bamboche, c'est ma tante !

JACQUELINE , *à part.*

Elle n'a guère d'inducation vot' tante.

GASPARD.

Ne m'en parlez pas. Ça vit avec les poulets d'inde... (*à part.*) Je ne sais pas ce que je vais faire de ce sérail-là ; je ne peux pas trimballer tout ça à l'Arc-en-Ciel ; j'ai envie de les remiser dans le salon de cent couverts, chez le traiteur d'à côté. (*haut.*) D tes-moi, les toutes belles, si vous m'en croyez, nous pincerons le veau rôti chez le traiteur en face.

AIR : *Ma foi faudrait êtr' ben malin.*

Nous y trouverons d' bon
    Poisson,
  Du rouge à seize,
Qu'est chaud comm' braise.
On est servi suivant son rang,
En argent'rie et linge blanc.

TOUTES.

Monsieur Gaspard, nous acceptons.

GASPARD, *à part.*

C'est l' moyen d'ajourner l'orage ;
Mais gare aux explications
Entre la poire et le fromage.

TOUS.

Allons goutter de son
    Poisson,
  D' son rouge à seize ;
Mais j' s'rai bien aise
Qu'il nous serve suivant not' rang,
En argent'rie, en linge blanc.

*Ils entrent tous chez le traiteur.*

# SCENE XII.

## MOLLETON , MACAUX.

### MOLLETON.

Ainsi , mon ami , puisque le bureau de placement me répond de vous, c'est une affaire finie; vous allez remplacer mon fils et vous serez content de moi... Vous dites donc que vous jouissez d'une parfaite santé.

### MACAUX.

Ah ! dame oui ! j'sommes d'une belle venue.

### MOLLETON.

C'est qu'il faut être solide , avez-vous un bon coffre ?

### MACAUX.

Non, j'ai une valise.

### MOLLETON.

Vous ne m'entendez pas : je vous parle de la poitrine ( *Il fait tousser Macaux plusieurs fois.* ) C'est bien... Nous avons encore la partie morale... sommes-nous de bonne vie et mœurs.

### MACAUX.

A ça près que j'aime une payse...

Air : *Hormis qu'on travaille pour deux.*

Libre d' ma personne, j'ai pu
Ecouter l' cri de la nature,
Et m'amouracher impromptu
D'une charmante créature.
C'est la faute du désœuvrement.
Mais quoiqu' mon amour soit énorme,
Je n' crois pas que le sentiment
Puisse être un motif de réforme.

### MOLLETON.

Certainement ça n'empêche pas de servir son pays... Tiens-toi bien... efface un peu les épaules, redresse-toi, là... ( *à part.* ) Il a vraiment la figure martiale ; on ne peut pas me refuser ça.

### MACAUX.

Ah ! ça , papa, vous m'avez donné des arrhes, il s'agit de les compléter.

### MOLLETON.

Vous savez bien ce que je vous ai dit; c'et encore 60 f. que

*Le Faubourien.*                                        2

j'ai à vous donner, nous venons ici pour les chercher...
Je ne le vois pas souvent, mon jeune homme... Il est
peut-être dans le café...
*Il s'approche du café et regarde à travers les carreaux.*

## SCENE XI.

Les Précédens , GASPARD , *sortant de chez le traiteur, la serviette au col.*

GASPARD.

Dieu ! comme ça consomme, ces détaillantes !.. et les
bouteilles qui filent joliment là haut. Il y a long-temps
que ma pièce cinq francs est fondue dans le civet...
N'y a pas à dire , faut que je regagne les cornichons.

MOLLETON , *l'apercevant.*

Eh ! mais le voici... (*s'approchant.*) Dites donc ,
elle n'a pas voulu me payer, madame votre épouse.

GASPARD.

Bah !

MOLLETON.

Elle dit qu'il y a des oppositions, que... tant pis ,
pourquoi que j'ai fourni.

GASPARD.

Ne parlons pas d'ça à présent, ça n'en vaut pas la
peine.

MOLLETON.

Je vous demande pardon , nous venons exprès.

GASPARD.

Oui , mais... j'ai une partie qui m'attend , je suis
obligé de vous quitter...

MOLLETON.

Un instant , je ne vous quitte pas moi!

GASPARD.

Eh ben! c'est encore mieux... vous allez faire mon
second... au billard.

MOLLETON.

Je ne sais pas jouer.

GASPARD.

Touchez-vous ?..

MOLLETON.

Non, puisque vous ne me payez pas.

GASPARD.

C'est égal, vous toucherez.

*Il le pousse du côté du café.*

MOLLETON.

Mais, laissez-moi donc ! je ne puis pas quitter ma société.

GASPARD.

C' garçon-là va entrer avec nous.

MACAUX.

Chez le père Cuiraço... Ah ben ! oui ; le plus souvent...

GASPARD.

C'est juste, on t'a mis à la porte. Monte chez le traiteur ; j'ai, dans le grand salon, trois jolies parentes qui m'attendent ; tu feras le galant.

MACAUX.

Ah ! j' vas joliment m'amuser.

MOLLETON, *à Macaux.*

Ne t'éloigne pas.

GASPARD, *à Molleton.*

Quant à nous... au billard.

AIR : *Allons mettons nous en train*

Du coup-d'œil, et du sangfroid,
Il n' s'agit pas d' perdr' la tête,
Pour êtr' sûr d'un gain honnête
Il suffit de viser droit.
Mais j'entends déjà l'toctoc
De mainte bille qui roule.
Dans c' billard où je suis l' coq
N' faut pas fair' languir la poule.

MOLLETON.

J' vous préviens qu' dans cet endroit
Je ne s'rai qu'un trouble fête,
Je ferai queuqu' coup de tête,
Car je suis très-maladroit.

ENSEMBLE.

Du coup-d'œil, etc.

*Gaspard pousse Molleton dans le café et y entre avec lui.*

# SCENE XIV.

## MACAUX, *seul, se frottant les mains.*

Tout d'même, j' suis pas fâché de profiter de l'occasion. Si mon objet savait ça, j'aurais t'i' un mauvais quart d'heure à passer ! c'est qu'elle est fidelle, celle-là ; n'y a pas sa pareille, à Paris !

# SCÈNE XV.

## MACAUX, JACQUELINE.

JACQUELINE, *se montrant à la fenêtre du traiteur.*
Garçon, apportez un litre.

LE GARÇON.

On y va ; tout-à-l'heure ; n'y a pas de presse.

MACAUX, *se frottant les yeux.*

Mais, je n'ai pas la berlue, c'est mon objet. (*Au garçon.*) Dis donc, Charlot, avec qui qu'elle est venue là haut c'te jeunesse ?

LE GARÇON.

Pardine, avec ce vaurien que tu as vu tout-à-l'heure.

MACAUX.

V'là ce que c'est... et puis, comptez sur les femmes.

LE GARÇON.

Tout d'même, le galant ne se presse pas de venir payer la carte.

MACAUX.

C' n'est pas le cas de se montrer ; on aurait l'air d'un jobard ; mais gare, si elle reparaît à la fenêtre....

( *On entend, dans le café, une querelle vive, et des cris qui partent de diverses voix : » Ça n'est « pas vrai ; je vous dis que j'ai gagné. »* )

# SCENE XVI.

## MACAUX, MOLLETON, GASPARD.

( *Ce dernier tient une queue de billard.* )
GASPARD, *à Molleton, en sortant du café.*
C'est vot' faute ; vous avez fait un manque de touche.
( *Il allonge un coup de poing dans l'épaule
de Molleton.* )
MOLLETON , *se frottant l'épaule.*
Aie, je ne puis pas vous en dire autant !

GASPARD.
Vous êtes cause que je perds la plus belle partie.
( *A part.* ) Me v'là comme un petit Saint-Jean.

MOLLETON.
Monsieur, vous avez la main leste... c'est égal , soldez-
moi la dette de ce matin.

GASPARD , *à part.*
Allons, le v'là qui r'vient à sa chanson.

MOLLETON.
Quoique vous m'ayez fait mal , nous n'en resterons
pas moins bons amis.

GASPARD , *à part.*
Faisons-lui peur, il va filer. ( *haut.* ) Ça ne se peut
pas , monsieur Molleton ; je sais comme on doit se
conduire, je vous ai manqué.

MOLLETON.
Je puis vous assurer le contraire.

GASPARD.
J'ai eu le malheur de vous frapper et je vous dois
une réparation.

MOLLETON.
Oh ! un moment de mauvaise humeur...

**GASPARD.**

Non, non, ça n'a pas d'excuse; je suis dans mon tort... votre heure, votre moment et que ça finisse... Il faut nous battre... Le temps d'avaler un petit verre... Je ne vous perds pas de vue.

**MOLLETON.**

Ah ça ! c'est un enragé ; si mon fils était là, il ne souffrirait pas ça.

**MACAUX.**

Je crois ben, vot' fils !...

**MOLLETON.**

Va donc , toi qui le remplaces.

**MACAUX.**

Je le voudrais ben, mais je ne puis pas : c'est z'une connaissance.

**MOLLETON.**

N'y a pas de connaissance qui tienne, ton marché est positif.

AIR : *Mes chers enfans, unissez-vous.*

Considère bien que t' as acquis
Dans ma personne un second père,
Et qu'un contrat passé devant notaire
Pendant six ans t'substitue à mon fils.
Que ta tendresse martiale
De ce bâton lui donnant sur les doigts,
A ce cœur dur fasse sentir le poids,
De ta piété filiale.

**MACAUX.**

Oui, mais c'est embarrassant... Au fait, au vis-à-vis de Jacqueline, il m'a coupé l'herbe sous l' pied...

**MOLLETON.**

La nature doit te dire que nous sommes insultés et la délicatesse t'oblige à prendre ma défense.

MACAUX.

Auparavant faut que je lui rende la pièce cent sols qu'il m'a prêtée.

*Il la remet à Gaspard.*

MOLLETON, *la reprenant des mains de ce dernier.*

Un instant, c'est toujours un à compte sur les soixante francs.

MACAUX.

Maintenant que je ne lui dois plus rien, je n'ai plus de ménagement à garder. (*à Gaspard.*) Dites donc, malin, c'est donc vous qui me soufflez Jacqueline et qui provoquez ce vieillard, c'est à moi que vous avez à faire.

MOLLETON.

C'est ça. (*s'adressant à Gaspard.*) C'est à lui que vous avez à faire.

GASPARD, *à Macaux.*

Ah! t'es un épouseur de querelles; j'aurais ménagé le papa, mais puisque t'es payé pour ça, j'vas te faire gagner ton argent.

MACAUX.

Tais-toi donc, tu me fais de la peine.

MOLLETON.

C'est vrai, il fait de la peine.

GASPARD, *renversant du bout de sa queue le chapeau de Macaux.*

Chapeau bas. Faut qu'on s'découvre quand on me parle.

MACAUX.

Ah! t'attaques... gare aux quilles.

GASPARD, *faisant le moulinet avec son bâton.*

Dérange ta boule ou je carambole.

*Ils entrent dans la coulisse, en continuant de se porter des bottes ; alors on entend un grand bruit et des cris confus. Aie aie! holà holà!*

MOLLETON, *à la cantonnade.*

Pas si fort! vous allez lui faire du mal... Ah! mon dieu!.. (*Il sort du même côté que Gaspard et Macaux.*)

# SCENE XVII.

LE GARÇON TRAITEUR *accourant avec précipitation.*

Il y a donc une querelle par ici; j'ai entendu des taloches... par où que ça se passe?...

# SCENE XVIII.

## LE GARÇON, GASPARD, *essoufflé.*

*Il a sa queue de billard cassée.*

GASPARD.

Je ne lui redois pas, à celui-là ; ma queue est cassée... c'est égal.

LE GARÇON.

Il paraît que vous avez oublié les trois particulières qui vous attendent là-haut ?

GASPARD.

Dites-leur que je les attends en bas.

LE GARÇON.

Nous ne laissons pas aller le monde comme ça, les oiseaux sont sous clef.

CUIRAÇO, *de son café.*

La poule à trois francs !

GASPARD.

Dites donc, garçon, v'là une occasion de me refaire, je vous vends quelque chose, si vous voulez.

**LE GARÇON.**

Qu'est-ce que vous avez à vendre ?

GASPARD, *montrant sa redingotte.*

Vrai, sans farces .. elle est toute neuve. (*courant à la porte du café.*) Attendez-moi donc ! (*revenant auprès du garçon-traiteur*) ça vous va-t-il ? je vous la laisse de vingt francs.

**LE GARÇON.**

Va pour quinze.

GASPARD, *ôtant sa redingotte et la jetant au garçon.*

Adjugé... les trois pièces.

LE GARÇON, *lui donnant une carte payante.*

Laissez donc ! v'là vot' carte payante ; avec ses trois pièces !... c'est vous qui m'en redevez une.

*Il rentre et ferme la porte.*

GASPARD, *courant après lui.*

Ouvrez donc ! (*il frappe à la porte*) ouvrez donc ! pas de mauvaises plaisanteries.

# SCENE XIX.

GASPARD, la V.ᵉ CAUCHOIS, JACQUELINE et NOUROLLES *se mettant toutes trois à la fenêtre du traiteur.*

V.ᵉ CAUCHOIS.

Dites donc, mon neveu pour rire, je m'ennuie d'être sous le scellé.

JACQUELINE.

Monsieur Gaspard, vous laissez donc faire des affronts à votre sœur ?

NOUROLLES.

C'est joli, de mettre des parentes dans l'embarras ; nous ne serons pas long-temps cousins.

#### GASPARD.

Que c'est bête ! ne vous fâchez donc pas ; vous n'êtes
là que pour cinq francs, tâtez vos poches ; une petite
souscription.

#### V.ᵉ CAUCHOIS.

Tu n'as pas d' honte, de nous laisser en plan ?

#### GASPARD.

Je ne puis pas manufacturer de l'argent.

*Revenant seul devant le théâtre.*

Air : *Une fille est un oiseau.*

Pour le coup, j' suis aux abois ;
Comment me tirer d'affaire ?
Je n'ai plus qu'un' chose à faire,
C'est d'aller trouver l' bourgeois.
J' lui dirai de m' rendr' ma somme,
Tout en lui racontant comme
Dans ces lieux où l'on consomme,
Trois objets sont consignés.
S'il me r'fuse, c' qu'est possible,
J' le forc'rai ben d'êtr' sensible,
En lui mettant l' poing sous l'nez.

*Il veut sortir, Molleton l'arrête.*

# SCENE XIII.

## GASPARD, MOLLETON.

MOLLETON , *arrêtant Gaspard.*

Air : *C'est charmant.*

Alte-là.      (*bis*)

#### GASPARD.

Ni vu ni connu j' t'embrouille.

#### MOLLETON.

Alte-là.      (*bis*)

#### GASPARD.

Je n' crains pas qu'on m' dépouille.

MOLLETON.

Il faut que l' chapelet s' débrouille ;
J'appelle ici la patrouille.
Mon cher, il vous en cuira,
Ça n' finira pas comm' ça.

Vous allez en voir de cruelles, mon jeune ami.

GASPARD.

Qu'est-ce que c'est ?

MOLLETON.

Presque rien ; faut que je cherche un aut' remplaçant ; vous avez mis le mien hors de service.

GASPARD.

Eh ben ! de quoi qu'il se plaint ? ça lui assure son
congé.

MOLLETON.

Un homme superbe... qui n'est plus présentable, vous
lui devez une indemnité.

GASPARD.

Tiens ! est-ce que je l'ai assuré contre les torgnoles.

MOLLETON.

Il ne s'agit pas de ça ; il dit que sa mâchoire est
endommagée.

GASPARD.

Combien que ça vaut ?

MOLLETON.

Cent écus !

GASPARD.

Le plus souvent que je donnerai cent écus pour une
mâchoire !

MOLLETON.

Exécutez-vous... ou, en prison.

CUIRAÇO ET LE GARÇON TRAITEUR.

Oui, il faut qu'il s'exécute.

GASPARD.

Quand vous serez tous là, comme des happe-chair ?

TOUS , *à l'exception de Gaspard.*

En prison.      (*bis*)
Ça sera z'un' leçon .
En prison.      (*bis*)
Qui s' rend' sans façon.
Rien n'est bon      (*bis*)
Comme la prison,
Pour mûrir la raison.

GASPARD.

En prison... en prison... Je n'irai pas... et je parie que vous n'êtes tous que des ganaches.

MOLLETON.

Ne sortons pas de la question.

GASPARD, *avec éclat.*

Je vous paie tous... je coule mon arriéré... je n'ai qu'un mot à dire pour ça, et je vais le lâcher.

MOLLETON.

Nous allons voir.

GASPARD.

A vous, papa !

MOLLETON.

Je vous préviens que c'est pour la dernière fois...... (*Il s'approche de Gaspard, qui lui parle à l'oreille. Avec éclat.* ) Il serait possible ?

GASPARD.

Foi de vaurien !

MOLLETON.

Embrasse-moi , brave jeune homme. Qu'on le laisse circuler. (*Gaspard s'échappe en courant* )

CUIRAÇO ET LE GARÇON.

Et nous, et nous !

MOLLETON.

Je me charge de tout. (*S'adressant aux trois femmes qui sont à la fenêtre.*) Et vous, Mesdames je vous rends à la liberté individuelle... (*Il tire de l'argent de sa poche, et paie successivement Cuiraço et le garçon.*)

CHOEUR.

AIR : *C'est charmant.*

C'est charmant,
Il faudra qu'il en décoche ;
C'est charmant
Il lui faudra du comptant.
A-t-il trouvé queuqu' sacoche?
Ou dévalisé z'un coche?
C'est charmant,
Il va fair' danser l'argent.

V^e. CAUCHOIS , *à Molleton.*

Dis-moi donc par quel hasard que l' battu paie l'amende ?

MOLLETON *indiquant le chapeau de Gaspard qui revient.* )

C'est une énigme dont vous allez avoir le mot au prochain numéro.

# SCENE XXI.

Les Précédens, GASPARD.

( *Son chapeau porte le n°. 1, tracé avec de la craie. Il tient à la main une canne de tambour-major , qu'un tambour précède d'une troupe de conscrits.*)

#### GASPARD.

Air : *Je suis le petit tambour.*

Vous voyez d' fameux soldats
En uniforme provisoire,
Pour prendre plac' dans l'histoire
Ils seront bientôt au pas.
Près d' partir pour la victoire,
Je me suis dit : c'est constant,
Qu' pour désaltérer la gloire
Il faut avoir de l'argent.
Et plan, ramplan, plan, plan,
Afin qu'elle eut de quoi boire,
Et plan, ramplan, plan, plan,
Je me suis fait remplaçant.
Vous voyez d' fameux soldats, etc.

#### V<sup>e</sup> CAUCHOIS.

Comment ! t'as négocié ton individu ?

#### GASPARD.

Est-ce que j' vas laisser c't honnête homme dans l'embarras ?... On a beau être tapageur, on a de ça ; d'ailleurs, je m'appartiens.

#### V<sup>e</sup> CAUCHOIS.

Et le mariage que tu m'avais promis ?

#### GASPARD.

Attendez seulement six ans, et je suis votre homme.

#### V<sup>e</sup> CAUCHOIS.

Et si on ne veut pas attendre ?

#### GASPARD.

J' n' manque pas d' remplaçans.

#### JACQUELINE ET NOUROLLES.

Nous n'allons donc plus nous revoir.

#### GASPARD.

Bah ! et les semestres... est-ce qui ne sont pas faits pour l'amour ?... Pas de pleurnicheries... c'est trop bête... je veux jouir de mon' reste ; le sapin est là, qui nous attend, les femmes dans l'intérieur, trois chasseurs derrière, six voltigeurs sur la vache, le cocher à son poste, et le papa sur le siége ; aujourd'hui, roule ta bosse : demain, dans l'infanterie.

TOUS.

AIR : *vive Lerond.*

Vive Gaspard ,
Arrosant son départ ,
Gaîment nous allons boire
A sa future gloire.
Qu'i' r'vienne ici paré d'un beau plumet ,
Muni d'un bon brevet ,
Et moins mauvais sujet.

GASPARD. *au public.*

Vous auriez droit de condamner
Ma conduite et mon caractère,
Mais n'allez pas m'abandonner
Dans mon entreprise guerrière.
Au contrôle du régiment
Souffrez qu'on inscrive mon chiffre :
Pour moi battez un roulement,
Mais n'allez pas jouer du fifre.


# FIN.